LETTRE

A

M. DE CHATEAUBRIAND.

LETTRE

A

M. DE CHATEAUBRIAND

EN RÉPONSE A SON DERNIER ÉCRIT,

Par A.-P. F., Avocat.

> Je ne crois qu'à l'intelligence et aux faits
> qui composent toute la société.
> (CHATEAUBRIAND.)

PARIS.

DELAUNAY, ÉDITEUR, AU PALAIS-ROYAL.

NOVEMBRE 1831.

LETTRE

A

M. DE CHATEAUBRIAND.

Monsieur,

Votre voix trouve de l'écho partout, et ce n'est pas la première fois que les rayons de votre gloire sont venus éclairer et réchauffer la demeure d'un solitaire.

Mais autant j'aime à m'abandonner à votre génie lorsque sa voix mélancolique et rêveuse, s'élevant du fond des déserts ou du milieu des cités en ruines, vient me révéler des choses nouvelles sur Dieu, l'homme et la nature, autant je craindrais aujourd'hui de me laisser aller au charme de votre parole, et je sens le besoin de résister au prestige de l'admiration pour examiner avec impartialité le tableau que vous venez de tracer de la position actuelle de la France, et les observations dont vous l'avez accompagné.

Quelque détaché que je sois des révolutions de la société, auxquelles je n'assiste guère que comme à un spectacle, je ne saurais cependant voir avec indifférence la France livrée à de nouvelles commotions.

La presse si souvent importune aux hommes investis du gouvernement des nations, et qui flatte si peu les rois couronnés, est souvent au contraire trop prodigue de flatteries envers les rois de la pensée. En voyant votre voix puissante, accrue des mille voix de nos journaux, se précipiter comme une avalanche sur notre monarchie naissante, j'ai craint un instant qu'elle n'en fût ébranlée; j'ai craint surtout que vos paroles, mal comprises par un parti qui s'est déjà perdu pour n'avoir pas voulu vous comprendre, ne servissent d'aliment à ses prétentions, et ne devinssent une cause de discordes civiles.

Enfin je ne crois pas qu'il puisse y avoir profit pour la France à détruire en 1831 le trône qu'elle a élevé en 1830, car, ainsi que vous le dites avec cette expression qui vient du fond des choses : « Une société ne s'établit point en » changeant à chaque instant de maître, de forme et de » principes, et si sa volonté variait d'année en année, elle » reproduirait la barbarie. »

Je me propose donc de rechercher si l'ordre de choses fondé en 1830 est en opposition telle avec les intérêts et l'état présent de la France, ou si indépendamment des relations qu'il peut avoir avec notre société, il fut tellement vicieux et illégal dans son principe qu'il faille se hâter de le modifier, même au risque d'empirer notre position et de tomber dans l'anarchie.

Qu'a-t-on fait à la fin de juillet 1830 ?

(7)

Mais, avant, quel était l'état des choses à cette époque, et qu'était-il véritablement possible de faire ?

Selon vous, cinq combinaisons étaient possibles : la république, un changement total de race, Napoléon II, Henri V, le duc d'Orléans.

Toutefois, en réalité, chacune de ces combinaisons n'offrait pas des chances égales, et deux seulement vous paraissent avoir dû alors arrêter le choix de la nation, si les hommes qui se trouvaient à sa tête eussent obéi à ses intérêts véritables. Le choix public devait, à votre avis, ou maintenir la monarchie avec le duc de Bordeaux, ou proclamer l'empire avec le duc de Reischtadt. Mais vous écartez encore le fils de Napoléon, et vous ne voyez de salut et de prospérité durables qu'avec Henri V; tout ce qui a été fait hors de là vous semble sans force et sans durée; on n'a presque fait que déguiser l'anarchie sans l'éteindre, et cacher un abîme sous un trône.

Je n'ai pu d'abord me défendre, je l'avoue, de cet entraînement que produit un talent admirable, même lorsqu'il s'exerce sur des objets faux, et qu'il s'applique à donner au mensonge l'apparence et presque le corps de la réalité. Cependant, dans un sujet si grave et avant d'admettre l'humiliation et la honte de la France, c'est un devoir de ne croire personne sur parole, et de réfléchir à l'état des esprits et à la nature des événemens en juillet 1830, pour juger ensuite de ce qu'il y avait à faire et du résultat qui a eu lieu.

Je n'hésite pas à le dire, monsieur, cet examen fait avec impartialité et en mettant à l'écart tout ce qui y est étranger, comme par exemple les fautes plus ou moins graves commises dans la direction de nos affaires par les divers ministères qui se sont succédés, question qui doit être trai-

tée à part, cet examen détruit invinciblement vos asser-
tions. Vous avez écrit sous l'influence d'une préoccupation
si grande qu'elle ne vous a pas permis de donner aux faits
l'importance qu'il faut toujours leur accorder sous peine
d'erreur : on peut jusqu'à un certain point créer les faits à
naître, on ne peut refaire ceux accomplis.

Or, c'est la nature même des faits qui au mois d'août 1830
repoussait avec le plus de force les deux candidats aux-
quels vous attribuez les meilleures chances.

L'un de ces concurrens, le duc de Reischtadt, avait pour
lui cette sympathie profonde que la mémoire de son père
réveille dans toutes les classes de la nation et que l'on re-
trouve jusque dans les hameaux les plus reculés. Toutefois,
en y regardant de plus près, de sérieuses objections s'élevaient contre le sentiment des masses.

Le jeune héritier du sang de Napoléon n'était à tous autres
égards qu'un étranger pour la France; son éducation autri-
chienne, et faite dans l'obscurité d'une cour despotique,
l'avait en quelque sorte doublement défrancisé, et le fils
de Bonaparte, séparé de nous dès le berceau, avait cessé
d'être le petit-fils de la révolution française.

Cependant si, après les trois jours, il se fût trouvé à por-
tée des événemens, il paraît peu douteux que le flot populaire l'eût déposé sur le trône qui attendait un roi. Mais
outre les obstacles que dans tous les cas une délibération
réfléchie lui eût suscités, sa promotion devenait impossible
par son éloignement seul. L'Autriche n'eût-elle pas refusé
son consentement, et en donnant à l'aiglon même dégénéré
essor vers la France, n'eût-elle pas craint pour son repos
et pour celui de l'Europe que le ciel natal ne communiquât
à ses jeunes ailes trop d'élan et d'énergie? Il eût fallu avec
elle des négociations dont les circonstances ne permettaient

pas la lenteur : après la générosité du combat, la France, en effet, craignait la rivalité des ambitions; il lui tardait d'apprendre que la vacance du trône était remplie et que ce foyer d'anarchie était éteint. Le cri de vive Napoléon II que la foule fit entendre ne fut donc qu'un stérile hommage rendu à la mémoire d'un grand homme.

Le duc de Reischtadt écarté, il fallait, dites-vous, pour le plus grand avantage de la France, placer la couronne sur le front du duc de Bordeaux. Quelle sympathie, quelle raison décisive invoquez-vous en sa faveur? un dogme qui depuis long-temps n'est qu'une vide abstraction, la légitimité, puisque vous l'appelez par son nom. Proclamer Henri V, c'était reconnaître qu'il y a une prescription qui a le pouvoir d'inféoder à une famille les destinées d'un grand peuple. Mais pouvait-on, même de la manière la plus indirecte, maintenir cette légitimité dans nos lois au moment où, s'élançant furieuse de l'article 14 de la Charte, l'esclavage et le fer à la main, elle avait répandu le meurtre dans les rues de Paris? Oui, tout était possible en 1830, cela excepté.

Sans doute le duc de Bordeaux n'était pas coupable du mal qui venait de se consommer; mais il est des cas où une personne est un principe, et sans condamner son *innocence*, on est forcé de reconnaître qu'il est et sera toujours considéré comme la représentation vivante des mœurs, des idées, des traditions, en un mot de tout ce que la France ne veut pas, de tout ce qu'elle a combattu sans relâche pendant quarante ans et vaincu dans sa dernière révolution. C'est une nécessité attachée à sa naissance : cet enfant ne peut pas plus renier son sang que la France ne peut se renier elle-même, et abdiquer les conditions de sa propre existence. C'est ce qui fait qu'il sera toujours le point de ralliement de ceux qui , moins dévoués que vous à leur pays , conservent l'incorrigible manie de rêver le retour pur et simple de l'ancien régime.

C'est surtout notre histoire que vous invoquez à l'appui de cette légitimité ; mais ce n'est pas en replaçant dans son berceau ses restes inanimés que vous leur rendrez la vie qu'il n'ont plus. D'après vous elle aurait pris son origine au premier Capétien , dans la personne duquel elle serait entrée par l'effet de la volonté générale ; ensuite de Hugues Capet elle aurait passé dans ses descendans. Nous devrions donc aujourd'hui respecter un principe dérivé du principe même de la souveraineté nationale. Les procès-verbaux du congrès national dont le consentement mit Hugues Capet en possession du pouvoir souverain ne sont pas parvenus jusqu'à nous. Ce que l'histoire nous apprend avec certitude , c'est que son élévation au trône ne fut guère qu'une quasi-élection à laquelle procéda une assemblée peu nombreuse de ses partisans , et qu'il la compléta lui-même, moitié par les armes , moitié par la ruse. Aussi son pouvoir eut à souffrir quelques contestations , et ce fut malgré les réclamations qui s'élevaient contre lui que les descendans de Charlemagne furent éloignés du trône , et que Hugues fut sacré roi ; car dans la civilisation de ce temps , et d'après les rapports alors existans entre l'église et les peuples , le clergé pouvait efficacement communiquer au monarque cette portion de souveraineté dont il était réellement investi.

Mais à quoi bon rechercher ce qu'il a plu à nos pères de faire à neuf cents ans de distance ? Nous respectons leurs œuvres ; les historiens de notre temps le prouvent assez par leurs travaux : en montrant l'accord qui a existé entre les phases successives de nos anciennes lois et de nos anciennes mœurs, l'histoire contemporaine a absous ces lois de bien des reproches peu mérités, et chaque jour elle rend à chaque institution la valeur relative qui lui appartient. Mais cette même histoire nous apprend que ces institutions ne durent qu'autant que la vie des mœurs ne s'en est pas retirée, et que la légitimité de la branche aînée des Bourbons, eût-elle été bien et légalement votée il y a neuf siècles par la France entière, n'a plus de prise aujourd'hui sur la société, et a dû disparaître de nos lois politiques comme de nos mœurs.

Cette légitimité a péri dès que la souveraineté a cessé d'être concentrée dans les mains d'un seul ; elle a péri le jour où le tiers-état s'est constitué en assemblée nationale.

A quoi bon nous enquérir de savoir quand et comment est née la légitimité, puisque chacun de nous a pu assister à ses funérailles il y a quelques mois ? Ici, monsieur, j'aurai recours à votre propre témoignage : lorsque des jeunes gens, dans leur reconnaissance pour l'un des fondateurs de la liberté de la presse en France, formaient sur vos pas un cortége glorieux pour vous et pour eux, et vous reconduisaient aux cris de *Vive la Charte*, vous ajoutiez celui de *Vive le Roi !*..... Eh bien ! avez-vous trouvé dans la foule quelque reste de respect pour la dynastie qui tombait, et le cri sans écho de votre fidélité n'a-t-il pas été le dernier que Paris et la France aient entendu ? Au milieu des horribles événemens qui ensanglantaient alors la ville, et qui redoublaient, presque jusqu'au sentiment de la vengeance, l'antipathie de la nation pour ceux qui étaient la cause de tant de maux, il est à croire que ce cri répété eût produit de nouveau malheurs, et la proclamation de Henri V, faite par un parti quelconque, eût transformé en

guerre civile la lutte qui existait entre les Suisses et les citoyens. Mais dans la grande catastrophe de la monarchie ,
il ne se trouva aucun bras pour la défendre ; elle rentra
dans le néant sans contestation. Ces Brutus de la légitimité
qui la veille lui immolaient la patrie, et que votre voix
éloquente a flétris du haut de la tribune, avaient disparu
comme elle le lendemain, frappés de la même impuissance ;
et telle est la force des idées nouvelles que vous seul eûtes
le privilége de surnager avec gloire dans le naufrage qui
emportait tous les hommes de l'ancien régime, parce que
votre ame généreuse portait en elle leur puissant talisman.

Ainsi il est possible que l'ancienne volonté nationale soit
encore mêlée au sang des Bourbons, mais il n'en est pas de
même de la moderne volonté nationale : les événemens de
1830 l'ont assez prouvé. Les ordonnances de juillet sont
le véritable et inexécutable testament de l'ancienne légitimité ; et Charles X , en y apposant son nom, avait fait
mieux que partout ailleurs acte d'abdication complète pour
lui et ses descendans.

Ainsi donc, impossibilité de proclamer Napoléon II ; nécessité d'exclure Henri V. Était-il bon et possible d'ériger
la France en république ?

La république avait contre elle quelques considérations
tirées de l'état présent de nos mœurs et nos souvenirs ; tout
le reste était pour elle, et elle avait des chances de s'établir
bien autrement décisives que les deux combinaisons que
nous venons de parcourir.

Pour quiconque suit avec attention la marche de l'esprit national , et vous l'avez remarqué vous-même, monsieur, il y a dans ses progrès tendance vers la république ;
même sous la restauration , nos mœurs devenant plus graves et plus simples devaient tôt ou tard , quoique lente-

ment, simplifier la royauté, et l'importance de la cour se serait effacée devant la raison publique, de plus en plus éclairée et répandue.

Cette tendance était surtout manifeste depuis la dernière année. C'est ainsi que les questions constitutionnelles, agitées en tous sens au sujet de l'avénement du ministère du 8 août, avaient souvent porté les esprits à apprécier, presque à désirer pour la France la constitution des États-Unis. La révolution de juillet dut donner à cette tendance un caractère plus marqué : le mouvement des esprits était alors précipité par l'énergie subite et redoublée imprimée à tous les cœurs et à toutes les pensées ; les mots de *liberté* et d'*égalité*, retrempés dans l'enthousiasme universel, avaient retrouvé toute leur vertu, et beaucoup crurent qu'au sein d'une population éprouvée et éclairée par le malheur, ils pouvaient redevenir le fondement solide d'une constitution républicaine.

Toutefois, la république était un fruit qui n'était pas mûr, et qui ne le sera pas de long-temps encore. Ce fut un trait remarquable de la raison publique d'avoir résisté à la tentation de le cueillir.

Ayant assez de liberté pour établir la république, nous n'avons pas assez de cette liberté réglée qui se gouverne presque par elle-même. Toute institution qui n'a pas de fondement assez profond dans les mœurs risque de s'écrouler sur ceux qui l'ont élevée, et abandonnant pour toujours l'édifice en ruines de la monarchie capétienne, nous ne pouvions sans danger transporter les dieux de la patrie dans l'édifice inachevé et tremblant de la république.

Le régime républicain était donc inadmissible comme trop fort pour nos mœurs, qui ne sont pas encore assez graves, assez religieuses, assez viriles, et ne se suffisent pas assez à elles-mêmes. Je pourrais, entre mille faits, citer à l'appui de mon assertion l'avidité avec laquelle ont été sollicités et obtenus par des hommes de tous les rangs les rubans rouges distribués avec tant de profusion. D'ailleurs, les passions politiques ne sont pas assez amorties, et la discussion désintéressée des intérêts positifs du grand nombre ne s'est pas suffisamment substituée à la polémique verbeuse et irritante des partis.

Il nous fallait donc un chef qui, sans cesser d'être héréditaire, n'apportât pas sur le trône ces prétentions monarchiques qui ne sauraient subsister dans un état où la nation est de plus en plus appelée à se produire sur le premier plan, et où le trône ne doit plus occuper que le second.

Ici se présente la question d'un changement total de race, et celle de l'avénement de Louis-Philippe.

Faire un changement total de race, c'est-à-dire admettre tous les citoyens indistinctement à pouvoir être appelés à la couronne, le duc d'Orléans excepté. Quelle raison motivait son exclusion extraordinaire? Était-ce son titre de prince, son caractère personnel, ou son affinité avec la dynastie de Charles X et son alliance avec un roi étranger? Et au contraire, n'existait-il pas une raison décisive qui le désignait au choix de la nation?

En effet, admettre un changement complet de race, autant eût valu proclamer la république, que l'on sentait le besoin d'écarter pour le moment : les mêmes inconvéniens y étaient attachés. L'état de nos mœurs, un sentiment national d'orgueil et d'égalité mal comprise eussent rendu, dans ce cas, le choix d'une difficulté extrême, et d'une sanction peut-être impossible. A défaut de trouver un citoyen qui commandât les respects unanimes de la nation par l'ascendant d'une grande gloire , d'un grand génie et d'une grande vertu , et que sa renommée incontestable plaçât assez haut pour qu'il fût aperçu de tous les points de la France, il fallait prendre un citoyen que les habitudes de sa naissance et de sa vie élevassent aux yeux du grand nombre au dessus des rangs ordinaires de la société. Louis-Philippe, plus qu'aucun autre , remplissait ces conditions : c'est pour cela qu'il fut appelé au trône; ce n'est pas parce qu'il était Bourbon , mais parce que, quoique Bourbon , il était, eu égard au temps , celui que son rang et sa fortune désignaient pour régner. Quant à son caractère personnel et à celui de sa famille, vous-même , monsieur, lui avez rendu justice; d'ailleurs, on sait bien que des différences de toute sorte la distinguaient de la branche déchue ; et , on peut l'ajouter, puisque les actions des pères n'impliquent pas la responsabilité des enfans, le souvenir toujours présent d'un échafaud s'élevait encore entre les deux familles pour les séparer.

Vous le voyez, monsieur , cette royauté qui selon vous nous est venue comme par hasard a été du moins produite par un de ces hasards heureux qui s'accordent avec la raison publique. Son établissement a été le dernier coup porté à la légitimité ; c'est une couronne toute nouvelle qui a été donnée : qui est-ce qui eût voulu ramasser celle de Charles X tombée dans la boue et le sang , si ce n'est peut-être quelque serviteur fanatique de ce malheureux prince, afin d'y inscrire comme des années de règne les dernières années du roi sans royaume?

S'il pouvait y avoir aujourd'hui en France quelque pouvoir sorti du pays qui ressemblât à la légitimité, ce serait et ce ne pourrait être que la royauté de Henri V. L'élection même ne la laverait de ce reproche ni à ses propres yeux, ni à ceux de ses partisans, ni à ceux de la nation, parce qu'elle aurait toujours la prétention et le prétexte de trouver dans ce principe un droit antérieur à l'élection. C'est alors que nous aurions réellement une *quasi*-légitimité. Quoi que vous en disiez, la royauté de 1830 n'est pas en contradiction avec l'abolition de la légitimité. L'hérédité royale est consacrée dans la Charte; mais à la place de l'ancienne légitimité royale, il n'y a plus que celle d'un roi et de deux chambres. La légitimité comme la souveraineté est aujourd'hui composée de trois pouvoirs; à lui seul le roi ne peut faire loi, il ne peut rien légitimer.

A quoi répond, dites-vous, le trône du 7 août? Il répond à cette tendance des esprits que vous-même avez reconnue; il marque un progrès immense vers la vérité politique. A votre avis même, ce progrès serait trop rapide, «nous n'aurions pas encore les mœurs de la chose qu'on a »faite. » J'espère mieux de la raison du pays, et je crois que s'il a su s'arrêter sur la pente qui l'entraînait vers la république, il saura comprendre et exécuter le gouvernement royal et représentatif qu'il s'est donné pour point d'arrêt. Les journées de juillet ne seront pas stériles pour l'instruction des rois et des peuples, et vous aviez raison de dire à la tribune des pairs : « Un siècle n'aurait pas au-»tant mûri les destinées d'un peuple que les trois derniers »soleils qui viennent de briller sur la France. »

C'est surtout ce progrès des esprits, si éloquemment signalé par vous, qui doit nous faire regarder sans appréhension la modification que le trône a subie dans la révolution de 1830. C'est lui qui doit nous empêcher de regretter la sécurité, plus apparente que réelle, que la restauration promettait au développement de nos libertés. Mais encore pour comprendre que la restauration eût convenablement rempli cette tâche, combien de suppositions ne serait-on pas forcé d'admettre !

Quand on considère, en effet, par quelles influences Charles X était dominé, que ce roi faible et ignorant avait encore de longues années à régner sur la France, qu'après lui commencerait un règne qui ne serait que la continuation indéfinie du précédent, et enfin que le jeune prince qui suivait Charles X et son fils était élevé pour héritier à la fois de leur sceptre et de leur système, on ne peut se refuser à croire que la catastrophe de juillet était inévitable, et que la restauration devait un peu plus tôt ou un peu plus tard périr asphyxiée ou violemment noyée dans les mœurs.

Cependant, monsieur, je comprends que votre génie ait pris sous son patronage la défense de cette restauration, et qu'il aille aujourd'hui au nom de la liberté et de la patrie jusqu'à demander et provoquer hautement le retour et la continuation du régime sous lequel nous avons passé seize années : l'homme ne se sépare qu'avec une amertume profonde de ses entreprises, après y avoir consacré une grande partie de son existence, surtout lorsque ses efforts avaient pour but la gloire, la civilisation d'une grande nation. Attaché par votre naissance et par les événemens de votre jeunesse à l'éclat, aux malheurs, même aux fautes de l'ancienne monarchie, l'amour que vous lui portiez n'avait fait que s'accroître à la vue des maux qui après sa chute avaient affligé la France, et lorsque cette monarchie reparut après l'empire, vous fûtes heureux d'attacher votre dévouement à ses destinées. Vous conçûtes le dessein de faire servir ce que cette monarchie rapportait avec elle de majesté, de grandeur, de traditions historiques, à la prospérité de la France au-dedans, et à sa gloire au-dehors. Telle fut dès-lors votre passion dominante , inséparable et qui rend l'histoire de votre vie politique étroitement liée à celle de la restauration.

Homme de l'ancien régime , mais ayant les lumières de votre siècle , vous aviez pris la tâche immense de faire comprendre l'époque à ceux qui comme vous étaient de l'ancien régime , mais qui ne comprenaient rien au-delà. Ces hommes se mettaient en queue de la société pour la ramener à leur suite à travers les siècles écoulés, et vous qui saviez que personne ne les suivrait , vous vouliez les faire changer de voie et planter leur drapeau rétrograde en tête de cette société.

Si le passé pouvait jamais se mettre à la tête de l'avenir pour le diriger dans sa route infinie , personne ne fut jamais plus digne que vous de réaliser ce prodige.

Mais il y avait deux restaurations : l'une aristocratique et mesquine , étroite et impuissante , c'était celle des rois et des hommes d'état, grands et petits, dont vous cachâtes long-temps la nudité derrière l'éclat de votre nom et de vos doctrines, en attendant qu'ils se réformassent ; l'autre aristocratique aussi , mais généreuse , grande et intelligente ; c'était la vôtre, celle que vous avez appelée *possible* ; mais elle n'était pas plus possible que l'autre , et vous savez , monsieur, que ce n'était pas la faute du pays , mais il est plus facile de faire l'éducation d'un peuple que celle d'un courtisan.

Il y avait aussi deux légitimités : l'une égoïste, aveugle , la tête vide et le cœur insolent , octroyant la liberté et mesurant nos droits comme on donne une aumône, c'était la véritable ; l'autre ayant les mêmes prétentions , mais les justifiant par ses conceptions, voulant élever sur une base fragile de beaux monumens , reconnaissant sa faiblesse et sa décrépitude et voulant se fortifier et se rajeunir au sein des forces nationales ; c'était celle que vous aviez rêvée.

Si, docile à vos leçons, la légitimité eût consenti à se nourrir de l'esprit du temps, peut-être eût-elle dans une existence factice retrouvé la vie qui lui défaillait.

Ainsi modifiée, je le reconnais volontiers, monsieur, elle pouvait vivre encore, et même avec quelque profit pour le pays, ou du moins au lieu de périr honteusement sur la place publique, trouver une mort paisible dans la demeure des rois.

Ce qui ajoutait encore une apparence de force à la légitimité ; ce qui faisait que la France supportait patiemment les abus que ce principe faux avait introduits dans la restauration, c'était le besoin de repos que le pays éprouvait, et sa haine des révolutions : on ne croyait pas qu'il valût la peine de bouleverser la société pour la débarrasser d'un principe impuissant. Cette force négative, habilement employée, eût pu servir à nos progrès et rendre leur marche à la fois plus lente et plus assurée ; elle eût été comme le lest du vaisseau.

Lorsque la révolution de juillet, dernière œuvre de la légitimité, vint dissiper sans retour les illusions que la restauration avait fait concevoir, le rêve sublime, mais inexécutable, qui avait dominé seize ans de votre vie, dut vous abandonner ; et dans le discours que vous prononçâtes à la Chambre des pairs, vous aviez compris que votre carrière politique était finie. Vos paroles, expression de vos regrets profonds et votre amère résignation, furent en même temps l'oraison funèbre de cette monarchie que vous eussiez rendue grande et glorieuse, que vous eussiez sauvée si elle eût pu l'être.

Sat.... Priamo datum. Si Pergama dextrâ
Defendi possent, etiam hâc defensa fuissent.

Et cependant, telle est la puissance d'une idée généreuse quand on a long-temps travaillé à l'accomplir, que celle qui semblait vous avoir quitté pour toujours n'a pas tardé à vous reprendre avec une nouvelle force : l'état de choses que vous vouliez pour la France avec Louis XVIII, avec Charles X, que vous eussiez voulu avec le duc d'Angoulême, vous le voulez aujourd'hui avec le duc de Bordeaux.

C'est sous l'empire de cette influence, monsieur, que vous avez écrit, et elle explique en grande partie l'anathème que vous venez de lancer contre notre gouvernement actuel : à vos yeux qui ne peuvent se détacher du plan que vous aviez conçu, le plus grand tort de ce gouvernement est d'exister et de ne pas être celui de votre inguérissable affection. Aussi l'attaquez-vous non-seulement dans ses œuvres, mais dans son essence et dans son origine même : son établissement a été, selon vous, une œuvre de surprise à laquelle la nation n'a pas pris part, et vous demandez que la nation assemblée en congrès fasse ce qui n'existe pas encore en France, c'est-à dire un roi.

Toujours préoccupé de l'ancienne légitimité, vous la redemandez à un congrès, et nous n'avons, dites-vous, qu'une usurpation sans usurpateur. Cela me rappelle que le règne de Napoléon, ratifié cependant par les votes de la majorité de la nation, a été aussi qualifié d'usurpation. Je mettrai comme vous de côté toute question personnelle, je ne demanderai pas si Louis -Philippe est monté sur le trône par ambition, ou s'il s'est imposé un sacrifice en l'acceptant : c'est de la royauté et non de Louis-Philippe qu'il s'agit.

Comment donc cette royauté s'est-elle établie? est-elle sortie du sein d'une conjuration qui, secrètement ourdie dans le palais de nos rois, leur a un beau matin arraché la vie ou la couronne ? A-t-elle été l'œuvre de quelques partisans armés, et s'est-elle introduite violemment par la force et par la terreur ? Non, monsieur ; la royauté légitime s'était précipitée d'elle-même dans l'abîme, ne laissant sur son trône et dans son palais que les cadavres que ses propres armes avaient frappés ; c'est à la place d'un pouvoir qui s'était détruit lui-même qu'un pouvoir nouveau a été établi.

La légitimité marchait silencieusement au milieu de la population qui, de Paris à Cherbourg, s'ouvrait pour laisser passer ses funérailles, dans le même moment où la royauté de 1830, née au milieu de nos députés assemblés, arrivait jusqu'au trône après avoir passé majestueusement par la place publique, au milieu des applaudissemens d'une foule innombrable. Ce n'est pas dans l'ombre d'une arrière-boutique qu'a été formé le trône de juillet ; c'est véritablement à l'Hôtel-de-Ville et en plein jour qu'il a été érigé. Le peuple tout entier de la capitale, celui des villes environnantes était là, les armes à la main ; il ne s'est pas servi de ces armes pour détruire ce qui venait d'être fait ; il les a déposées pour y applaudir.

Tous les souvenirs, toutes les opinions, tous les partis étaient présens, et tous se réunirent dans le même vœu. Quelques hommes seulement qui s'étaient enfuis devant le sang qu'ils avaient versé, et qui, depuis que ce sang est effacé, ont reparu pour déposer leur vote, manquèrent alors au scrutin national. Mais ceux qui venaient de consommer la ruine d'un trône étaient-ils donc tellement indispensables à l'érection d'un trône nouveau, que tout ce qui a été fait sans eux soit comme non avenu ?

Dois-je vous rappeler encore, monsieur, que la France tout entière, promptement instruite, comme vous le remarquez, de tout ce qui se passait à Paris, sur lequel elle avait les yeux constamment fixés, répéta sur ses trente mille places publiques les acclamations qui avaient accueilli la royauté nouvelle d'un bout de Paris à l'autre, quand la république, représentée par M. de Lafayette, abdiqua dans ses mains, et mit le dernier sceau à son élection. Je vous le demande, où trouverions-nous dans l'histoire une royauté dont l'origine fût plus nationale et plus populaire ?

C'est donc la nation qui a fait la monarchie de 1830, « ce » n'est pas un spectre sans tête, portant dans ses mains la » tête d'un autre spectre, » qui l'a inaugurée et qui a fait asseoir Louis-Philippe dans le fauteuil royal ; cette peinture hideuse est un trait d'artiste qui a séduit votre plume, mais qui a quelque chose d'injuste et de repoussant peu digne de votre cœur. Vous l'eussiez effacée si vous vous étiez souvenu que dans la même enceinte et sur le même trône où vos vœux appellent le descendant des Capets, des Français, qui ne descendent pas, il est vrai, de Robert-le-Fort, sont tombés sous le feu des Suisses, que faisaient mouvoir, en se cachant derrière eux, Charles X et son fils. Ne craignez-vous donc pas que le petit-fils de Charles X rencontre aussi dans le château des Tuileries de funestes apparitions ?

Quand un gouvernement s'est établi au milieu des circonstances que je viens de rappeler, il est du devoir de tout bon citoyen de le reconnaître et de le respecter, de travailler au bonheur public, de demander des améliorations et des réformes dans les limites de ce gouvernement, sans chercher à renverser ces limites. C'est pourquoi l'examen des fautes plus ou moins graves que peuvent avoir commises les organes du gouvernement doit faire une question tout-à-fait à part, et en critiquant ses œuvres, ce qui est loisible à tout le monde, personne ne doit s'appliquer à contester son existence, et à la détruire.

Ce n'est pas que je prétende nier les mécomptes de plus d'une sorte qui ont accompagné la révolution de 1830; je ne crois pas qu'il faille en accuser l'essence même du pouvoir qui en est sorti, mais bien les hommes qu'il est forcé de prendre pour organes. Si le principe de notre révolution a dévié de la direction féconde qui lui appartient, c'est le malheur du temps. Pensez-vous, monsieur, que lorsque des œuvres aussi grandes que celles que la dernière révolution a révélées à la France se présentent si inopinément pour être exécutées, il soit bien facile de trouver aussitôt des hommes capables de leur donner toute l'exécution dont elles sont susceptibles?

Les débris de la révolution, de l'empire et de la restauration, sont encore là pêle-mêle, encombrant le sol de notre France, et l'on ne pourra établir à l'aise et dans leur perfection les réformes dont le besoin se fait sentir que lorsque le temps aura réduit en une poussière impalpable tous ces fragmens divers entassés depuis quarante ans. Jusque là, force sera à la couronne et au pays de se servir des hommes à « caractère dégénéré » dont vous parlez. Une troisième restauration serait, je crois, peu propre à retremper les caractères, et rendrait peu de lustre aux autorités qui vous paraissent toutes dégradées : cette dégradation ne tient-elle pas à l'homme plutôt qu'à l'autorité; à l'homme que l'on a vu se plier à tous les régimes, revêtir toutes les couleurs et démoraliser sa conscience en la ployant tour-à-tour à des sermens si divers, à des sentimens si opposés? Pensez-vous, monsieur, qu'il y aurait profit pour le respect de l'autorité, et surtout pour la morale publique, à provoquer encore de nouveaux sermens, à substituer aux principes politiques qui sont aujourd'hui la croyance de la société , un principe qui ne pourrait plus être qu'une croyance de convention ?

Lorsque l'immense émotion de juillet, qui avait remué toutes les ames , a eu disparu, chacun est retombé à peu près au niveau de ses habitudes et de ses anciennes idées. Les uns en sont revenus aux théories qu'ils avaient adoptées avec raison sous la restauration; d'autres à une opposition stérilement passionnée, d'autres au dogme intéressé de l'infaillibilité ministérielle; d'autres au pessimisme soupçonneux qui incrimine toujours le pouvoir. Heureusement des hommes qui appartiennent à la France nouvelle ont conservé aussi leurs doctrines, et ils attendent avec cette ferme espérance dont les rayons doivent faire éclore l'avenir.

Et vous , monsieur , dont la haute raison aurait dû vous soustraire à cette loi vulgaire de la faiblesse humaine, vous en êtes revenu à rêver la résurrection de la légitimité capétienne, à vouloir que la France ne reçoive que de ses mains la gloire, la prospérité et la liberté.

Sans doute , la France sait bien que des fautes ont été commises par les hommes qui sont à sa tête. A l'intérieur, nous avons eu une loi d'élection basée sur le même principe que celle de la restauration : la peur de la démocratie et des capacités intellectuelles; la loi sur la pairie a manifesté des velléités aristocratiques peu en harmonie avec le principe d'égalité qui est la loi vivante de nos mœurs; ce dernier principe a été encore plus oublié quand on s'est occupé de l'instruction primaire, qui seule peut le développer dans tout ce qu'il renferme de vrai et de bienfaisant.

A l'extérieur, notre politique, comme celle de la plupart des cabinets étrangers, a été celle de la peur. Nos diplomates ont montré une attitude frileuse, lorsque leur attitude devait être d'autant plus ferme et confiante que la France, en parlant de paix, exprimait un vœu sincère et un besoin profond de l'époque, non-seulement pour elle, mais pour l'Europe entière.

Avec cette confiance en elle-même, et sans tomber dans la propagande armée, la politique de notre gouvernement eût évité deux reproches qu'on aura toujours raison de lui adresser : l'anarchie prolongée de la Belgique, et la ruine de la Pologne.

La Belgique était française par ses mœurs, sa langue, sa position géographique, et enfin par sa révolution et sa volonté généralement manifestée ; en l'incorporant à la France on satisfaisait à toutes les convenances des deux peuples, et pour une chance de guerre bien improbable que l'on courait, on en éteignait mille dont on ne peut prévoir le terme. Les affaires de la Belgique ne seraient plus en Europe comme une espèce de plaie incurable aux remèdes de la diplomatie : on n'aurait pas fait une nation, espèce de château de cartes destiné à tomber tôt ou tard, et dont nous serons bien forcés alors de recueillir les débris si nous ne voulons pas qu'ils soient la proie des nations voisines.

Quant à la Pologne, je crois, monsieur, que l'ascendant moral de la France, habilement et loyalement employé, eût suffi pour la sauver. Le langage de la raison et de la justice, répété avec une générosité persévérante au nom d'un grand peuple, eût été compris même par le gouvernement moscovite. Ceux qui représentaient la France dans cette occasion ont eu le tort, non de n'avoir pas fait la guerre, mais d'avoir eu la crainte d'être obligé de la faire. Je crois donc que, sans passer la frontière, le drapeau tricolore eût pu servir à protéger la liberté des peuples. Sa destinée ne doit plus être celle de la guerre, les principes dont il est l'emblème ont subi l'épreuve des combats avec assez de gloire ; désormais il doit surtout présider au développement de ces principes à l'intérieur, à la propagande pacifique de l'intelligence et de la raison dont l'époque est enfin arrivée pour la France.

Sans doute ce drapeau n'est pas fait pour subir le repos d'une paix honteuse ; mais il a pu déposer les ailes rapides de la conquête sans abdiquer sa gloire et sa force ; et quel que soit le rôle que lui ait imposé notre diplomatie, il n'a pas tellement perdu son pourpre et son azur, comme vous le dites, que la France veuille le remplacer par une bannière qui, trempée dans le sang français en juillet 1830, n'est plus le vieux drapeau sans tache, et à terni sa blancheur dans une souillure ineffaçable.

Eh ! comment se persuaderait-on que le drapeau qui a flotté contre la France, confondu avec les drapeaux étrangers, et qui n'a su donner un peu de gloire militaire à l'ancienne monarchie qu'en guidant nos armées contre les libertés de l'Espagne, et étalant aux yeux de nos soldats le supplice d'illustres patriotes espagnols, comment se persuaderait-on que ce drapeau se fût bien efficacement déployé pour prêter secours à la sainte alliance des peuples? Je doute que notre rôle politique à l'extérieur, avec Henri V, eût été pour nous et les autres peuples tout gloire et tout liberté. Ce n'est pas l'épée de cet enfant qui, ajoutée à notre « rapière si courte » (1), l'eût rendue beaucoup plus forte et plus longue.

La France sait tout cela, monsieur, et si jamais les fau-

---

(1). Voir la réponse de M. Chateaubriand à M. Béranger.

tes de ses hommes d'état amenaient la malheureuse nécessité d'un congrès, et qu'elle fût encore obligée de donner
une couronne, elle ne la placerait pas sur le front du petit-
fils de Charles X.

Le duc de Bordeaux, je le sais, se présenterait au milieu
de la nation assemblée l'histoire de France à la main ;
il en invoquerait les souvenirs ; il rappellerait que pendant des siècles nos ancêtres reçurent la loi de ses ancêtres,
et mirent leur gloire à entourer leur personne d'un culte
presque religieux ; que le sang de nos anciens rois, qui
coule aussi dans ses veines, se mêla plus d'une fois sur le
sol de notre vieille France avec celui de nos pères....

Mais pensez-vous que dans ce recours au passé, dans
cette évocation de nos gloires antiques, il y eût beaucoup
de sympathie pour le cœur d'un peuple qui ne nie pas la
grandeur de ses ancêtres, mais qui est accoutumé à racon-
ter avec enthousiasme et avec orgueil son histoire contemporaine ?

Oh ! combien cet enthousiasme deviendrait plus entraî-
nant si le duc de Reischtadt (car tous les candidats trouve-
raient dans ce congrès leurs partisans et leur tribune) venait à son tour à invoquer les souvenirs de notre histoire !
Cette histoire, il la lirait partout vivante autour de lui, dans
nos lois, sur nos monumens, dans nos cœurs et sur nos
visages ; et à chaque page le nom de son père se trouverait
confondu avec celui de la France. Qui refuserait son ac-
clamation et son suffrage à celui qui, entouré des témoi-
gnages encore présens de ses paroles, nous dirait que son
père rendit la majesté à nos lois civiles, la grandeur à notre nation, les autels à nos temples, la victoire à nos
champs de bataille ; qui nous dirait qu'il vient continuer
une dynastie dont le chef, mieux que le premier des Ca-

pétiens , fut élu par le peuple; car Napoléon était celui qu'aucun autre choix n'aurait pu remplacer, et s'il dut sa fortune à la France , sa tête et son cœur furent encore plus grands que sa fortune.

Toutefois, monsieur , content de la dynastie que nous nous sommes donnés, nous n'irons pas , pour satisfaire les partisans de la dynastie déchue ou les logiciens de la souveraineté nationale, courir les inconvéniens d'un congrès : c'est une de ces grandes opérations populaires qui remuent le sol tout entier du pays et des peuples voisins , et que l'on ne doit provoquer qu'aux jours où la patrie court un danger éminent. Ce grand jury national est à sa place dans les momens de crise et de révolution , et il doit prononcer son jugement séance tenante; plus tard, et la crise passée, il y aurait du danger à l'assembler , parce qu'il y aurait à craindre qu'il fût alors privé de cette lumière que la Providence envoie aux peuples au jour où ils en ont besoin, et fait jaillir du sein des ames électrisées par le coup des événemens.

Le fils de Napoléon , le seul qui, en l'absence de la dynastie qui est aujourd'hui à la tête des Français , pût sortir avec gloire de l'urne d'un congrès , ne reçoit plus aujourd'hui de nous qu'un regret et une sympathie stérile. Nous savons que la dynastie de Napoléon , d'abord si profondément identifiée à la France par sa main puissante, s'est détachée de nous , lorsque ce grand génie donna le despotisme pour appui à notre gloire et à la sienne , au lieu de les couronner par la liberté. L'anarchie vaincue par l'étreinte inexorable de sa main de fer , la France lavée par la victoire des souillure de la révolution , son rôle de dictateur était terminé; nos champs et notre industrie redemandaient le fer et le bras de ses soldats : il restait à Napoléon à mettre en pratique à l'intérieur de la France les principes qu'il avait proclamés sur soixante champs de bataille. Sa destinée lui faillit, et au moment où la deuxième moitié de sa vie allait devenir la plus féconde, elle s'arrêta tout à coup stérile comme le rocher sur lequel il n'aurait pas dû la finir. La chute de Napoléon et celle de sa dynastie doivent rester dans l'histoire comme une grande leçon, qui apprendra ce que doivent à l'humanité la puissance et le génie.

Quant au petit-fils de Charles X, il n'existe en nous ni sympathie ni regret pour lui. Plus encore que celle du jeune Napoléon, son éducation le sépare de nous, et la fatalité qui s'attache à sa naissance élève entre lui et le trône une barrière insurmontable. Malheur à la nation si, un instant égarée, elle replaçait à sa tête une dynastie qui n'a plus rien de commun avec nos mœurs et avec notre siècle! Ce serait une seconde restauration qui recommencerait, avec le malaise, la défiance, les antipathies, et peut-être les malheurs de la première.

Le dernier rejeton de la dynastie déchue est habitué par ceux qui l'entourent à regarder la France comme son domaine. Il est élevé comme l'héritier du trône de saint Louis, et nous avons besoin d'un chef qui fasse tout autre chose que continuer les traditions de l'ancienne monarchie, d'un chef qui se porte héritier, non-seulement du sceptre de nos rois, mais encore du sceptre de Napoléon, et même des faisceaux de la république.

Le duc de Bordeaux sera peut-être comme particulier un homme recommandable; mais cela est-il suffisant pour un roi? Charles X aussi, ailleurs que sur le trône, eût pu être un homme estimable; il n'eût pas manqué de certaines qualités; mais comme roi, il n'était pas de son siècle, il lui était impossible d'estimer et d'aimer un peuple qu'il ne

comprenait pas , et il est allé jusqu'à consommer un par-
jure qu'il eût rougi de commettre dans la vie privée.

Telle est, monsieur, la réalité. Rien de plus séduisant,
je l'avoue, que la figure que vous avez retracée ; mais ce
jeune prince tel que vous le faites n'est et ne sera jamais
apparemment qu'une des illusions les plus poétiques et les
plus touchantes de votre imagination.

Evoquant la majesté de notre histoire , vous tressez les
siècles pour lui faire une couronne , et vous ajoutez ainsi
l'autorité des temps à celle du malheur. Votre jeune héros ,
comme celui d'Homère, voyage, et vous lui donnez le temps
d'aller de pays en pays s'instruire des mœurs et des
lois.

Il y a des légitimistes qui sont plus pressés que vous, et qui
iraient volontiers à travers le monde avec leur jeune prince
non pour l'enlever à l'éducation étroite et cloîtrée qui jusqu'ici a façonné son enfance , non pour lui apprendre l'art
de gouverner dans l'étude patiente des mœurs et des lois ,
mais pour recruter à sa cause les baïonnettes étrangères et
faire triompher sa bannière sur notre sol envahi par les
rois. Les plus ardens vont même jusqu'à assigner un terme
bien court à l'accomplissement de leurs vœux, et basant
leurs calculs impies sur la misère croissante du peuple et
combinant l'effet d'un hiver rigoureux avec les efforts des
armées étrangères , ils prophétisent pour le printemps pro-
chain le rétablissement de la légitimité et le triomphe d'un
droit dont la force, disent-ils, n'a pas détruit la puissance.
Oui , ils ont raison , ce n'est pas la force et la violence brutale
qui ont détruit le droit légitime qu'ils invoquent; les coups
qui l'ont frappé viennent de plus haut : avant de s'accomplir
sur la terre, la lutte était consommée dans le ciel, et la raison humaine d'accord avec la Providence avait délié les

ames d'un droit qui s'était éteint de son propre épuisement, avant que la main du peuple se fût appesantie sur les hommes et les choses qui en étaient le symbole. Il n'a pas succombé par l'épée, il ne sera pas rétabli par elle.

Sans doute, les idées nouvelles transplantées en vous y croissent à force de génie, quoique vous n'en ayez pas le sentiment, car votre cœur appartient tout entier à l'ancien régime, vous en avez la raison parfaite. Ces idées prennent même, en passant par votre bouche, quelque chose d'étrange qui leur sied bien, et nos croyances nous plaisent davantage exprimées par une voix amie du passé, et proclamées par une conviction qui nous paraît d'autant plus impartiale et ne céder qu'à l'évidence de la vérité; mais cet enfant, une fois imbu des préjugés et des principes de sa famille, où prendrait-il ensuite la force nécessaire pour leur résister et marcher avec son siècle? Comment verrait-il la France autrement qu'à travers les habitudes au milieu desquelles il est né?

La France ne changera donc ni le trône ni le drapeau qui président à ses destinées; elle conservera sa foi aux principes qui y sont gravés et qui servent de fondement à ses institutions; principes qui, bien qu'accusés aujourd'hui de sécheresse et d'impuissance, sont cependant le seul élément solide sur lequel repose la société, et n'attendent que d'être appliqués avec impartialité par des hommes généreux et dévoués à toutes les classes de la nation, pour montrer que, loin d'être épuisés, le temps et les hommes ont seuls manqué à leur fécondité. La liberté et l'égalité: effacez ces deux mots du frontispice de la société actuelle, et demandez-vous ensuite si le dogme de la légitimité pourrait les remplacer, ou si quelque principe ré-

sume mieux tout ce qu'il y eut de meilleur et de plus profond dans la religion et la philosophie des siècles précédens.

La France nouvelle ne désespère pas de sa liberté, et ne
croit pas qu'elle meurt « en se traînant dans un reste de raison
individuelle;» elle ne désespère pas davantage du sentiment
religieux qui ne périra pas plus que la liberté. Il vous ap-
partenait, monsieur, de le dire à ces populations du midi et
de l'ouest qui s'indignent des outrages qui, comme vous le
remarquez, ont été faits aux croix de l'assentiment de l'autorité qui doit les protéger. Cette tâche convenait à celui
qui, en dépit des sarcasmes encore vivaces de Voltaire,
planta la croix sur le seuil du dix-neuvième siècle, comme
pour le préserver du débordement des idées sceptiques
dont le dix-huitième siècle était inondé. Le temps approche
où la religion, s'unissant d'un même esprit avec la philosophie, aura subi une transformation dont le cœur humain
a besoin; où le christianisme appellera à son aide la philosophie pour lui aider à nettoyer les parvis de ses temples
de la rouille que les âges y ont accumulée; leurs voix se
marieront pour faire entendre une harmonie nouvelle au
genre humain, qui, appuyé sur leurs bras, continuera à
marcher d'un pas plus ferme vers l'accomplissement de ses
destinées.

Il y a en effet une foule de vérités éparses, nées soit
du christianisme, soit hors de lui, et dont il est débordé;
et l'homme qui aspire à tout comprendre, et qui sent que
toutes les vérités relèvent de son domaine, a le besoin in-
vincible de les fondre ensemble et de les envelopper dans
une foi nouvelle : la foi chrétienne modifiée et transfor-
mée; car en tout l'esprit humain s'appuie sur le connu
pour arriver à l'inconnu.

Cependant, quelles que soient les révolutions que notre siècle réserve à la pensée humaine, c'est avec raison que vous reprochez aux hommes qui nous gouvernent d'avoir concouru à l'abattement des croix: armoiries sacrées du monde chrétien, la croix survivra toujours au fanatisme du clergé ou aux outrages des laïques, et restera le bâton du pauvre et de l'affligé. D'ailleurs, à elle seule, elle a fourni l'échafaudage à l'aide duquel s'est élevée la société moderne, et je ne crois pas cette société si haut et si solidement édifiée dans toutes ses parties, que cet échafaudage puisse être impunément abattu.

Enfin, monsieur, la France comprend que ce n'est pas en changeant de gouvernement qu'elle arrivera à avoir à l'intérieur et à l'extérieur ce degré de perfection que le temps, comme je l'ai remarqué, peut seul amener.

Du reste, la tâche imposée à nos hommes d'état est tout autrement difficile et progressive que celle qu'avaient à remplir les hommes de la restauration. Si ceux qui nous gouvernent paraissent aujourd'hui petits, c'est surtout parce que la nation a grandi; mais la restauration avec ses anachronismes, ses souvenirs de l'émigration, ses proscriptions, ses condamnations, sa haine de la gloire nationale, son dédain pour le peuple, son aversion pour la liberté de la presse et les hommes qui comme vous avaient le courage de lui dire la vérité, nous paraît bien plus petite encore. De plus, tout gouvernement humain a ses misères, et c'est avec douleur que les vrais amis du pays vous verraient servir d'appui à ces folliculaires qui vont chaque matin ramasser les ordures du pouvoir pour les montrer, à travers un microscope grossissant, à la foule irréfléchie. Ces hommes semblent avoir pris la tâche de prouver ce que vous avez avancé, que le gouvernement de juillet doit tuer la presse ou périr par elle. Vous ajoutez, monsieur, que la légitimité seule eût été capable de lui résister : cependant, en France, elle a succombé sous les coups de cette liberté ; et les monarchies légitimes ne sont-elles pas au contraire les seules qui aient à en redouter les effets ? Aussi voyons-nous que de Lisbonne à Saint-Pétersbourg elles obéissent toutes à l'instinct de leur conservation en la proscrivant. La royauté de 1830 n'a rien à craindre de la liberté de la presse, par cela même qu'elle n'est pas monarchique et qu'elle n'est qu'une partie du souverain dans une constitution représentative, dont la publicité fait l'essence. C'est pourquoi j'espère que notre royauté résistera aux attaques de ces écrivains qui incriminent sans cesse la dernière révolution, oubliant sans doute que cette révolution est sortie du trône même de la dynastie déchue. Ces hommes vous appellent aujourd'hui dans leurs rangs, et s'ils pouvaient faire renaître la restauration, que vous êtes coupable à leurs yeux d'avoir renversée, ils vous renieraient comme ils vous ont déjà renié.

Voulant détruire la liberté par la liberté elle-même, ils la placent derrière nous, et cherchent à nous persuader que nous lui tournons le dos, afin, sans doute, que nous revenions sur nos pas pour la chercher : ils nient quarante ans de notre histoire, passent sous silence les œuvres des états-généraux et de l'assemblée constituante, et ne voient de liberté que dans les divisions territoriales et les institutions municipales qui existaient avant la révolution de 89. Mais en vain dans leurs rêves bizarres ils essayent d'entraîner dans la voie du passé les générations que le présent ne satisfait pas ; en vain ils essayent de mettre sur les yeux des peuples le bandeau que l'esprit de parti épaissit devant leurs regards ; on n'étourdit pas ainsi l'humanité dans sa marche éternelle. Il n'est donné à personne de la prendre

comme on prendrait un enfant marchant sur une route in-
connue et que l'on renverrait vers son point de départ,
après lui avoir mis la main sur les yeux , et l'avoir fait tour-
noyer un peu sur lui-même. L'humanité passer deux fois
par le même chemin ! Jamais ! Cet accident peut arriver
à quelques hommes : qu'ils vivent au milieu des tombeaux,
à eux permis , mais qu'ils se contentent d'y vivre seuls.

Pour vous, monsieur, au lieu de lui fournir le prétexte
de s'armer de votre nom , puissiez-vous employer votre
plume éloquente à instruire et à corriger, si faire se peut ,
un parti qui désormais ne doit plus aspirer à dominer son
pays ! Enseignez-lui à faire ce que réclame le véritable
honneur, la religion véritable; dites-lui que c'est le moyen
de hâter le jour où l'on pourra, sans dommage pour la
chose publique, ouvrir les portes de la France aux descendans de saint Louis , et leur rendre une patrie qu'ils ont
perdue par leurs fautes. Et si vos enseignemens ont arraché
un seul d'entre eux à ses illusions de guerre civile et étran-
gère et prévenu un seul des crimes qui souillent la Vendée ,
la France ajoutera une reconnaissance nouvelle à sa reconnaissance passée et à son admiration pour votre lyre pa-
cificatrice et bienfaisante.

P. F.

ÉVERAT, IMPRIMEUR,
ruc du Cadran, n° 16.